A Sage, Maya e Ezra.
Vocês foram formados de maneira
assombrosamente maravilhosa.
Que todos vocês venham a amar e
servir a Deus, que nos criou
à sua imagem e para sua glória.

L758d Linne, Shai
　　　　　Deus nos fez assim : celebrando o design de Deus para a diversidade étnica / Shai Linne ; ilustrado por Trish Mahoney ; [tradução: Meire Santos]. – São Paulo: Fiel, 2019.
　　　　　1 v. (não paginado) : il. color.
　　　　　Tradução de: God made me and you : celebrating God's design for ethnic diversity.
　　　　　ISBN 9788581326788

　　　　　1. Etnia – Aspectos religiosos – Cristianismo – Literatura juvenil. 2. Antropologia teológica – Cristianismo – Literatura juvenil. I. Mahoney, Trish, ilustrador. II. Título.
　　　　　　　　　　　　　　　　　　　　　CDD: 242.62

Catalogação na publicação: Mariana C. de Melo Pedrosa – CRB07/6477

Deus nos fez assim: celebrando o design de Deus para a diversidade étnica.
Traduzido do original em inglês: God made you and me: celebrating God's design for ethnic diversity.

Copyright do texto © 2018 por Shai Linne
Copyright da ilustração © 2018 por Trish Mahoney

Publicado originalmente por New Growth Press, Greensboro, NC 27404, USA.

Copyright © 2018 Editora Fiel
Primeira edição em português: 2019

Todos os direitos em língua portuguesa reservados por Editora Fiel da Missão Evangélica Literária.
Proibida a reprodução deste livro por quaisquer meios sem a permissão escrita dos editores, salvo em breves citações, com indicação da fonte.
Diretor: Tiago J. Santos Filho
Editor-chefe: Vinicius Musselman
Editora: Renata do Espírito Santo
Coordenação Editorial: Gisele Lemes
Tradução: Meire Santos
Revisão: Sheila Lima
Adaptação Diagramação e Capa: Wirley Corrêa | Layout
Ilustração: Trish Mahoney
ISBN: (brochura) 978-85-8132-678-8
ISBN: (capa dura) 978-85-8132-659-7
ISBN: (eBook) 978-85-8132-657-3
ISBN: (audio livro) 978-85-8132-658-0

Fiel Editora
Caixa Postal, 1601 | CEP 12230-971
São José dos Campos-SP
PABX: (12) 3919-9999
www.editorafiel.com.br

DEUS
NOS FEZ ASSIM

Celebrando o design de Deus para a diversidade étnica

Shai Linne
Ilustrado por
Trish Mahoney

Depois destas coisas, vi, e eis grande multidão que ninguém podia enumerar, de todas as nações, tribos, povos e línguas, em pé diante do trono e diante do Cordeiro, vestidos de vestiduras brancas, com palmas nas mãos; e clamavam em grande voz, dizendo: Ao nosso Deus, que se assenta no trono, e ao Cordeiro, pertence a salvação.

Apocalipse 7.9-10

Queridos pais e cuidadores,

Obrigado a todos vocês por reservar esse tempo para ler *Deus nos fez assim* para seus pequenos. Este livro foi escrito para ajudar você a ensinar às suas crianças sobre a beleza do design de Deus para a diversidade em suas criaturas que são portadoras de sua imagem, com foco particular na diversidade étnica.

Escrevi este pequeno livro porque estou convencido, pela Escritura, de que a diversidade étnica não é algo que tenha de ser relutantemente tolerado, mas, pelo contrário, entusiasticamente celebrado! Passagens como Apocalipse 7.9-10 falam com muita intensidade sobre o propósito principal de Deus no evangelho — um povo etnicamente diverso e redimido, que, em conjunto, adora a Deus por toda a eternidade.

Deus foi intencional na maneira como nos fez diferentes uns dos outros. Como as facetas de uma joia, a glória de Deus brilha ainda mais vividamente quando a luz de seu evangelho é refletida por meio de vasos diferentes. Por outro lado, Deus determinou que, sem diversidade étnica, perdemos a habilidade de ver Deus brilhar da forma particular que somente seria possível se a diversidade existisse (Ef 2.14-19).

Infelizmente, no contexto da etnia, o pecado fez o que costuma fazer: tomou algo que deveria glorificar a Deus e o distorceu. Os pecados de racismo, sectarismo e orgulho étnico têm-se manifestado de muitas maneiras em nossa cultura racialmente carregada, tanto historicamente como nos dias atuais. E, com frequência, esses pecados sociais são aprendidos pelas crianças por intermédio de membros da família, mídia ou colegas.

O evangelho nos oferece um novo caminho. Não apenas para nós, mas também para nossas crianças. Quando o Senhor Jesus foi crucificado, não o fez apenas com determinadas pessoas em mente, mas com determinados grupos de pessoas em mente (Ap 7.9). O Filho de Deus é tão glorioso que nada menos que as nações bastariam para ser sua comunidade escolhida de adoradores. Como cristãos, temos o privilégio de participar do que Deus está fazendo na história da redenção! E também temos a responsabilidade de ensinar a nossos filhos essa perspectiva do reino. Pontos de vista bíblicos e contraculturais não acontecem simplesmente; eles precisam ser ensinados.

Oro para que o Senhor use este livro para ajudar todos que o lerem a ver a beleza proposital de como Deus fez a todos nós diferentes uns dos outros, e que isso leve a toda uma vida de aceitação e busca da diversidade étnica para a glória de Deus.

Graça e paz,
Shai

Nossa história começa em um dia típico de lição bíblica, após o recreio e as brincadeiras. As crianças estão lá, mas a senhorita Patrícia está atrasada. Estão todos conversando e rindo alto enquanto esperam.

Aa Bb Cc Dd Ee Ff Gg Hh Ii Jj Kk Ll Mm Nn

LIÇÃO DE HOJE

ATOS 17

Oo Pp Qq Rr Ss Tt Uu Vv Ww Xx Yy Zz

GRAÇA
ESCOLA CRISTÃ

Dois dos meninos
não eram muito educados.
Eles implicavam com outras crianças
com toda a capacidade que tinham.

Eles criticaram um menino
pelas roupas que usava;
de uma pobre garota,
zombaram de seu cabelo.
Um menino chorou
quando riram de sua pele,
e foi exatamente nesse momento
que a senhorita Patrícia entrou!

"Peço desculpas por estar atrasada...
Mas o que está acontecendo?
E por que você está chorando, Túlio?
Conte-me o que houve de errado!"

Túlio não falou,
mas Alana Silva
disse à senhorita Patrícia
o que havia acontecido momentos antes.

Depois de saber
o que as crianças haviam testemunhado,
ela disse aos dois meninos
que deveriam pedir perdão.

E, em seguida, ela falou à classe: "Agora, crianças, ouçam! Eu já disse antes, mas agora deixarei bem claro.

GRAÇA
ESCOLA CRISTÃ

REGRAS

1. Respeite os outros
2. Seja amável
3. Ouça
4. Siga as orientações

Todas as criaturas de Deus devem ser respeitadas.

Não vamos aceitar qualquer tipo de bullying.

Você tem o privilégio de participar desta escola, mas será expulso se não obedecer a essa regra!"

"Não tenha medo de me perguntar qualquer coisa. Mas vamos começar pelo modo como isso está relacionado com nossa lição.

Estamos em Atos, seguindo Paulo, o apóstolo, em sua viagem pela Grécia para proclamar o evangelho.

Atos 17, versículo 26, diz que Deus fez, de um homem, cada nação da terra.

O que isso significa é que todos nós temos a mesma origem, onde quer que nasçamos, viemos dos mesmos parentes. Embora muitas pessoas considerem difícil acreditar nisso, nossos primeiros pais foram Adão e Eva.

Trazer muitos de apenas um foi o que Deus decidiu fazer — nesse aspecto, toda a raça humana está unida."

"Quando Deus criou os céus e a terra,
ele fez isso para mostrar sua glória e dignidade.

Em Gênesis 1, o que vemos em cada versículo
é que Deus fez um mundo que é REALMENTE diverso.

O sol e a lua,
os planetas e as estrelas,
Saturno e Júpiter,
Vênus e Marte...

Cada um é diferente...
Crianças, por que Deus agiu assim?
Ele agiu assim para mostrar
sua beleza e sua grandeza:

Do iceberg aos insetos,
de furacões a árvores;
de leões a lagartos,
de flamingos a pulgas.

Cada um, à sua própria maneira,
ao seu Deus está louvando.
Suas diferenças proclamam:
'Deus é maravilhoso!'"

"Mas a coroa da obra de sua mão são aqueles feitos à sua imagem, ambos, mulher e homem.

E, assim como dois flocos de neve nunca são iguais, cada pessoa é diferente, singular em sua estrutura.

Deus fez a todos nós —
cada tipo e cada espécie;
ele fez algumas pessoas altas
e outras pessoas baixas.

Ele deu a alguns cabelos enrolados, enquanto outros têm cabelos lisos. Agradou a Deus moldar cada característica maravilhosa.

Olhos castanhos e olhos verdes, cor de mel e azuis, cada um à sua própria maneira, obras de arte que podemos ver.

Alguns são surdos e alguns são cegos. Todos têm grande valor no projeto soberano de Deus."

"Pele escura,

pele clara,

e todos os tons intermediários

O Senhor sabe o número
de fios de cabelo na sua cabeça,
sejam castanhos ou negros;
sejam loiros, grisalhos ou ruivos.

102,578?

114,263?

O que alguns chamam etnia
e outros chamam raça,
nós devemos celebrar,
como dom de Deus, a graça.

Você foi formado de maneira maravilhosa no ventre pela mão de Deus.
Você não foi um acidente; você faz parte do plano de Deus.

Raquel e William; Keila, Alana, Túlio...
Vocês são formados de modo maravilhoso à imagem de Deus.

Carlos, Janaína, Timóteo, Silas, Clara...
Deus formou vocês; vocês existem para a glória dele."

"Mas, lá no jardim
com Adão e Eva,
a serpente apareceu
com a intenção de enganar.

Eles comeram da árvore
que Deus havia proibido.
E, desse momento em diante,
dos seus olhos, Deus foi ocultado.

O pecado em cada ser humano
logo seria descoberto,
quando Caim, o filho
primogênito,
odiou seu irmão.

Por causa do seu pecado, o mundo agora estava amaldiçoado, e o comportamento do povo ficaria ainda pior.

E agora, devido à presença do pecado, as pessoas odiavam por coisas bobas, como, por exemplo, a cor da pele.

As próprias diferenças, que tinham o propósito de dar louvor a Deus,
agora são razões para ódio, de tão maus que são os nossos caminhos."

"Mas Deus já tinha uma solução em mente,

ELE ENVIOU JESUS

para morrer pelos pecados de toda a gente.

Na cruz, vemos qual é o significado do amor de Deus. Não há um só tipo de pessoa que Jesus tenha deixado de fora.

Porque Jesus morreu e levantou da sepultura, todos aqueles que confiam no Senhor serão salvos.

E, desde aquele tempo, o que o Espírito tem feito é atrair muitos para Deus pela fé em seu Filho.

Ao redor de todo o mundo, Deus está enchendo as igrejas com santos de todas as cores que Jesus comprou.

Deus transforma estranhos em irmãs e irmãos. Embora sejamos todos diferentes, somos chamados a amar uns aos outros."

Спасибо!
(Spasibo!)

Merci!

ありがと
(Arigato!)

Obrigado!

"No livro do Apocalipse, capítulo sete,
a igreja de todos os tempos está reunida no céu.

Uma grande multidão
que ninguém podia enumerar
louva a Deus com vozes
mais altas que a de um trovão.

**Cada tribo, cada povo,
cada língua, cada nação,
todos agradecendo a Deus
pelo dom da salvação!**

شكرا
(Shukran!)

Mahalo!

¡Gracias!

Ngiyabonga!

Não há pecado no céu,
não há ódio de uns pelos outros;
**apenas amor no coração
por nossas irmãs e irmãos.**

Não veremos mais
nossas diferenças
como estranhas,
mas, em vez disso,
como mais razões
para dar louvor a Deus.

Juntos para sempre,
com santos de todos os tipos.
Isso é exatamente
o que Deus projetou."

"Nossa lição já está quase no fim;
não demorará então.
Vamos terminar nosso tempo
cantando esta canção:

Embora todos nós tenhamos uma história diferente,
Deus nos fez assim, Deus nos fez assim.
Para nossa alegria e para sua glória,
Deus nos fez assim, Deus nos fez assim.

Diferentes cores e diferentes tons.
Todos criados de um modo assombrosamente maravilhoso.
Por meio de cada um, a glória de Deus é demonstrada.
Deus nos fez assim.

Embora todos sejam estimados, todos estão perdidos.
Todos têm grande necessidade da cruz.
Jesus morreu, ressuscitou e pagou o preço.
Deus nos fez assim.

Embora todos nós tenhamos uma história diferente,
Deus nos fez assim, Deus nos fez assim.
Para nossa alegria e para sua glória,
Deus nos fez assim, Deus nos fez assim."

Seis maneiras de ajudar seu filho ou sua filha a apreciar o design de Deus para a diversidade étnica

1. **Ensine aos seus filhos o que a Bíblia diz sobre diversidade étnica.**

   A Bíblia não se cala quando o assunto é o projeto de Deus para a diversidade étnica. Contido no evangelho, está o plano de Deus de reconciliar consigo pessoas de todos os grupos étnicos do mundo! A noiva de Cristo é uma noiva linda, multicolorida. É importante que ensinemos aos nossos filhos essas verdades baseadas na Escritura. Uma passagem familiar que fala sobre o futuro multiétnico glorioso da igreja é Apocalipse 5.9:

   "E entoavam novo cântico, dizendo: Digno és de tomar o livro e de abrir-lhe os selos, porque foste morto e com o teu sangue compraste para Deus os que procedem de toda tribo, língua, povo e nação."

   Toda tribo. Toda língua. Todo povo. Toda nação (ethnos em grego). O propósito de Deus é bastante claro. Um povo diverso, resgatado por amor de seu louvor e glória. Nós devemos ensinar isso aos nossos filhos. E devemos enfatizar que o alvo da adoração multiétnica não é apenas para o céu; devemos procurá-la agora. Aqui estão algumas passagens que ajudarão você a reforçar essa verdade. Use-as ao conversar com seus filhos sobre como o Espírito atrai pessoas de toda tribo e de toda nação para cultuar a Deus:

   Gênesis 17.4; Números 12.1-8; Salmos 22.27-28; 72.11; Daniel 7.14; João 4.9; Atos 10.34-35; 13.47; Romanos 15.8-12; Gálatas 3.28; Efésios 2.13-16; Tiago 2.8-9 e Apocalipse 7.9.

2. **Corrija, junto aos seus filhos, erros comumente cometidos com relação à Bíblia e à etnia.**

   Nas culturas ocidentais, é comum os livros e os filmes em geral retratarem histórias bíblicas que apresentam personagens (e Jesus) como caucasianos ou brancos. Isso reforça a ideia de que branco é o normal, e não branco é o "outro". Isso é especialmente perigoso em assuntos espirituais, em que a identidade étnica pode ser erroneamente conectada com o favor de Deus. Os pais podem ajudar seus filhos ao destacar que essas ilustrações não são representações exatas de pessoas do Oriente Médio, onde as características mais escuras são a norma. Corrigir essas coisas proporcionará oportunidades para um diálogo adicional que pode ser usado para ajudar a moldar a cosmovisão de seu filho.

3. **Eduque a si mesmo e aos seus filhos a respeito de culturas diferentes da sua própria.**

Estou falando mais especificamente a leitores de pele branca. Para muitas pessoas brancas, é possível viver a vida inteira sem jamais ter interações significativas com pessoas de diferente cor de pele. Além disso, é muito comum os currículos escolares voltarem o foco para a civilização e as realizações ocidentais; isso reforça ainda mais a ideia de que o branco é a norma. Quando pessoas não brancas são mencionadas, frequentemente essas menções ficam limitadas a representações de escravidão e subserviência. Obter uma compreensão melhor acerca de outras culturas exige intencionalidade. A boa-nova é que, na era da informação, em questão de segundos de pesquisa na internet, há uma gama de recursos à disposição.

4. **Procure interações/relacionamentos com pessoas de diferentes etnias.**

Uma das grandes barreiras para dar seguimento ao design de Deus em relação à diversidade é a falta de proximidade que muitos têm com pessoas de históricos étnicos distintos. Dependendo de onde você mora, pode haver necessidade de mais intencionalidade para desenvolver esses relacionamentos. A igreja local é o ambiente ideal para essa procura. Se houver diversidade étnica em sua igreja, saia para um jantar ou passeio com outras famílias e pessoas de diferentes etnias, para que esse tipo de interação seja a norma, e não a exceção, para seus filhos.

Fora da igreja, isso pode significar matricular seu filho em atividades extracurriculares nas quais ele possa desenvolver amizades diversificadas com outras crianças. Clubes de esportes, corais e acampamentos podem proporcionar essas oportunidades. Alguns precisarão ser mais criativos do que outros nesse aspecto.

5. **Seja, para seus filhos, um modelo de confrontação amorosa quanto a palavras e/ou comportamentos preconceituosos.**

O sectarismo étnico certamente flui de pais que transmitem essas perspectivas aos seus filhos. Porém, com mais frequência, vem não diretamente dos pais, mas de outros membros da família, que podem dizer coisas insensíveis do ponto de vista racial ou até mesmo declaradamente racistas na frente das crianças, enquanto seus pais nada fazem, em uma atitude passiva. Talvez nem seja um membro da família. Talvez seja algo dito na televisão. Qualquer que seja o caso, essas são oportunidades ideais para os pais dizerem coisas como: "Essa piada não foi engraçada. Todos nós fomos criados à imagem de Deus e não devemos dizer coisas assim sobre outras pessoas". Ou: "Nós amamos o Tio João, mas o que ele disse esta noite no jantar sobre outras raças foi inaceitável e pecaminoso. Nós devemos amar e aceitar a todos, independentemente de sua etnia, porque é assim que Deus nos ama". É preciso ter coragem para fazer isso, pois você está arriscando alienar um membro da família. Mas, qualquer que seja o custo relacional, vale a pena que seu filho veja você honrando a Deus dessa forma. E isso também é o tipo de coisa que as crianças não esquecem.

6. **Tenha esperança em um futuro no qual o Espírito derrubará barreiras entre pessoas de diferentes históricos étnicos.**

Deixe que seus filhos saibam, por meio de suas palavras, atitudes e ações, que você crê que Deus está trabalhando em nosso mundo, atraindo seu povo para si e tornando-nos a todos um só, em resposta à oração de Jesus (Jo 17.20-26). Sim, existe muito trabalho a fazer, mas o Espírito do Deus vivo é nosso companheiro, nosso ajudador e nosso poder. O que não podemos fazer com nossas próprias forças, Deus pode fazer e fará. Ore com seus filhos considerando João 17 e, depois, converse com eles sobre como sua família pode vivenciar a oração de Jesus na igreja, na escola e na vizinhança.

"*Deus nos fez assim*, por Shai Linne, é um recurso teologicamente saudável para pais e professores criarem uma nova geração que honrará o dom que Deus deu, o dom da diversidade humana. Shai demonstra, de forma maravilhosa, a glória de Deus exatamente onde precisamos vê-la novamente — em como *Deus nos fez assim!*"

Ray Ortlund, autor; pastor da *Immanuel Church*, Nashville, TN

"Shai Linne nos guia ao padrão bíblico de criação, queda, redenção e glorificação, desvendando a grande história da Bíblia. Ao revelar cada passo em partes parcimoniosas, ele também ensina o caráter de um Deus infinitamente criativo — um Deus que se regozija em construir um povo diversificado e separado para viver com ele para sempre. Esta obra é um grande acréscimo à estante de toda criança."

K. A. Ellis, *Cannada Fellow for World Christianity, Reformed Theological Seminary*

"Nós lemos este livro para nossas quatro filhas. Elas o amaram e nós também! Trata-se de uma obra biblicamente direcionada, com cuidado pastoral e francamente inspiradora. Use este livro para estabelecer bons fundamentos para seus filhos em relação a como pensar sobre o plano de Deus para a diversidade e, então, louvá-lo por isso."

Jonathan e Shannon Leeman, autor; diretor editorial do ministério *9Marks*; presbítero na *Cheverly Baptist Church*, Cheverly, MD

"O novo livro de Shai Linne, *Deus nos fez assim: celebrando o design de Deus para a diversidade étnica*, é um presente. Ele ensina às crianças que o fato de Deus fazer as pessoas diferentes é algo no qual podemos nos deleitar, e não temer. Mais importante ainda: mostra como nossas diferenças têm o propósito de exaltar Jesus, que morreu para salvar todos os tipos de pessoas. Com belas ilustrações e escrito de um modo criativo, mal posso esperar para lê-lo para meus netos."

Bob Kauflin, diretor do *Sovereign Grace Music*

"A primeira vez que ouvi a música "Penelope Judd", de Shai Linne, soube que ele tinha um lindo coração de pai e uma habilidade aguçada para comunicar ideias profundas de maneira simples para as crianças. *Deus nos fez assim* aplica esses dons ao tópico vitalmente importante da raça. Ele é fundamentado na Bíblia e, portanto, centrado em Deus e no evangelho, e proporciona uma perspectiva alegre e unificadora sobre um tópico faccioso. Eu gostaria que toda criança e todo adulto que eu conheço lessem este livro!"

Erik Thoennes, professor na *Biola University*

"*Deus nos fez assim* é um livro para a estante de toda família. Essa apresentação colorida da diversidade étnica proclama a verdade do design criativo de Deus tal como é encontrado na Escritura. *Deus nos fez assim* é mais do que um livro de história; é uma ferramenta de ensino projetada para trazer uma cosmovisão bíblica da humanidade à nossa sala de estar."

Marty Machowski, pastor da família na *Covenant Fellowship Church*, Glen Mills, PA

"Em *Deus nos fez assim*, Shai Linne criou uma obra-prima da verdade bíblica que seu filho amará e da qual todos nós precisamos. Estou ansioso para lê-lo com minha própria família. Trata-se de um presente perfeito para espalhar a mensagem unificadora que Jesus traz para nossa cultura dividida."

Champ Thornton, pastor; autor de *The Radical Book for Kids* e *Pass It On: A Proverbs Journal for the Next Generation*

"Shai Linne é pastor de coração. E isso é demonstrado em cada página — ele faz com que todo o seu talento como artífice teológico da palavra seja exercido nesta simples história do design encantadoramente diversificado de Deus. Use este livro para lembrar a si e aos pequeninos que você ama a mensagem gloriosa de Jesus, que é unificar pessoas de toda tribo e de toda língua."

Dan DeWitt, professor adjunto de Teologia Aplicada e Apologética na *Cedarville University*; diretor do *Center for Biblical Apologetics and Public Christianty*

"Este é um recurso maravilhoso para ensinar nossas crianças sobre o coração de Deus pelas nações. Shai nos lembra corretamente de que somos todos unidos em Adão e que devemos nos alegrar nos 'santos de todas as cores'. A diversidade, quando corretamente compreendida, não é um slogan politicamente correto; é uma esperança e uma expectativa bíblica. Estou empolgado em compartilhar este livro com meus próprios filhos."

Kevin DeYoung, professor adjunto de Teologia Sistemática, *Reformed Theological Seminary*; autor de *Super Ocupado*

"Oh, que diferença faria se toda família pegasse este livro e considerasse sua mensagem, a começar pelos mais novos! Isso é teologia bíblica para crianças — e para todos nós! — sobre o lindo design de Deus em relação à etnia, narrado e demonstrado por teólogos artistas criativos e fiéis. Eu o recomendo com muita gratidão e bastante entusiasmo!"

Justin Taylor, editor administrativo, *ESV Study Bible*

"Escrito de modo criterioso e ilustrado de forma atraente, este recurso ajudará as crianças (e aqueles que as amam e orientam) a aprender a identificar ideias e comportamentos que diminuem humanos feitos à imagem de Deus, ver a diversidade étnica e outras diferenças através das lentes do evangelho e celebrar a diversidade que ele criou para sua glória."

Nancy DeMoss Wolgemuth, autora; professora; apresentadora do programa *Revive Our Hearts*

"Shai Linne nos deu uma linda história que não somente cativará coraçõezinhos e mentes, como também auxiliará os pais a explicar claramente as razões bíblicas pelas quais nós podemos e devemos celebrar o design de Deus para a diversidade étnica. Mas não pense que a história é tudo que Linne tem para você — leia a capa para ficar inspirado a continuar a conversa quando o livro for fechado. Bom trabalho!"

Trillia Newbell, autora do livro *Medos do Coração*

FIEL MINISTÉRIO

O Ministério Fiel visa apoiar a igreja de Deus de fala portuguesa, fornecendo conteúdo bíblico, como literatura, conferências, cursos teológicos e recursos digitais.

Por meio do ministério Apoie um Pastor (MAP), a Fiel auxilia na capacitação de pastores e líderes com recursos, treinamento e acompanhamento que possibilitam o aprofundamento teológico e o desenvolvimento ministerial prático.

Acesse e encontre em nosso site nossas ações ministeriais, centenas de recursos gratuitos como vídeos de pregações e conferências, e-books, audiolivros e artigos.

Visite nosso website

www.ministeriofiel.com.br

e faça parte da comunidade Fiel

Esta obra foi composta em Neutraface Slab Text 13.97, e impressa
na Promove Artes Gráficas sobre o papel Couchê Fosco 150g/m²,
para Editora Fiel, em Março de 2024